CATALOGUE

D'UNE BELLE COLLECTION

D'ESTAMPES

ANCIENNES ET MODERNES

De toutes les écoles

DESSINS

Composant la collection de M. ***

DONT LA VENTE AUX ENCHÈRES PUBLIQUES AURA LIEU

HOTEL DROUOT, SALLE N° 4

Au premier étage,

Les Lundi 23, Mardi 24 et Mercredi 25 Mars 1874

A UNE HEURE 1/2 PRÉCISE

Me **DELBERGUE-CORMONT**, Commissaire-Priseur,
rue de Provence, 8,

M. **CLÉMENT**, Marchand d'Estampes de la Bibliothèque Nationale,
rue des Saints-Pères, 3.

Exposition publique : *Le Dimanche 22 Mars 1874*,
DE DEUX HEURES A CINQ HEURES

PARIS — 1874

CONDITIONS DE LA VENTE

Elle sera faite au comptant.

Les Acquéreurs paieront cinq pour cent en sus des enchères.

Les attributions de l'amateur, pour les dessins, ont été conservées.

ORDRE DES VACATIONS

Le Lundi 23...........................	Nos	76 à 313
Le Mardi 24...........................		314 à 546
Le Mercredi 25........................		547 à la fin.
— Dessins...		1 à 75

DÉSIGNATION

DES

DESSINS

Anonymes italiens.

1. Arabesques dans les rinceaux de deux cartouches, figures nues et entrelacées d'hommes et de femmes. Beau dessin à la plume, lavé de bistre.

2. Un Cheval monté par un cavalier en costume de guerrier antique. — Femme assise. — Tête de jeune femme. — Figure d'un homme nu. Quatre dessins à la plume et aux trois crayons.

Anonymes français du XVIe siècle.

3. Portrait de Jacques Clément. Dessin à la plume, de forme ronde.

4. Quatre pêcheurs ramenant une barque au rivage. Aquarelle. Collection W. Esdaile.

Anonymes allemands et flamands.

5. La Mise au tombeau. — Saint Luc. — Paysages et autres. Six dessins à la plume et aux divers crayons.

BANDINELLI (Baccio).

6. Académie d'homme nu assis. Dessin au recto et au verso. Superbe dessin à la plume et au bistre. Collection Dreux.

BARDIN.

. Une Bacchante et deux Amours. Joli dessin à l'encre de Chine rehaussé de blanc. Signé. Collection Tondu.

BAROCCIO (F.).

8. Une foule de personnages agenouillés. Beau dessin aux trois crayons.

BELLINI (GIOVANI).

9. Un Pèlerin. Beau dessin au crayon rouge. Collections R. Udney, Richardson et du roi d'Angleterre.

BERGHEM (NICOLAS).

10. Études de moutons. Joli dessin aux trois crayons.

BOTH (J.).

11. Paysage.—Rochers, sapins, etc. A la plume, lavé d'encre de Chine. Signé Both., 1641.

BOTH (A.).

12. Paysage animé de figures. A la plume. Signé.

BOUCHARDON (ED.).

13. La Peinture et la Sculpture. Beau dessin à la sanguine, de forme ronde. Collection Van den Zande.

BOUCHER (F.).

14. Un Ange sur un nuage, tenant deux couronnes. Au crayon noir et blanc.

BRIL (PAUL).

15. Paysage. Vers la gauche, un homme assis et dessinant. A la plume.

BUONAROTTI (MICHEL ANGE).

16. Un Homme nu assis et une Femme également nue. Beau dessin à la plume.

CANGIAGE (L.).

17. Sainte Famille. A la plume.

CARRACHE (L.).

18. Nymphe, Amours et Tritons. Dessin pour une table. A la plume, lavé d'encre de Chine.

CESPEDÈS (Bablo de).

19. Évêque imposant les mains à un paralytique. Beau dessin à la plume, lavé de bistre et rehaussé de blanc. Collections Bernudez et Lefort.

CHAMPAIGNE (Philippe de).

20. L'Adoration des Bergers. Au crayon noir, rehaussé de blanc.

DUJARDIN (Karel).

21. Vue des portes de Rome, prise de l'intérieur. A l'encre de Chine.

DURER (Albert).

22. La Sainte Famille. Sainte Anne recevant l'enfant Jésus d'entre les bras de la Vierge. A la plume.

DYCK (Ant. Van).

23. Première pensée pour une Descente de croix. Dessin à la plume, au recto et au verso. A la plume. Collection Desperet.

24. Portrait d'homme. Dessin aux trois crayons. Signé. Provient de la collection du prince de Ligne.

EISEN (Ch.).

25. Vignettes pour illustration. Huit très-jolis dessins à la plume et à la mine de plomb.

ELZHEIMER (Adam).

26. Moïse sauvé des eaux. A la plume, lavé de bistre. Collection Van Os.

27. Jésus-Christ descendant dans les limbes. Beau dessin à la plume, lavé de bistre et rehaussé de blanc.

ÉVERDINGEN (Albert Van).

28. Paysage. Dans le fond, une marine. Aquarelle signée. Collection Dreux.

29. Patineurs sur une rivière, à l'aquarelle. — Deux bûcherons dans un bois. Plume et encre de Chine. Deux dessins signés.

FRAGONARD (Honoré).

30. Intérieur de salon (Leçon de danse). Superbe dessin à la plume, lavé de bistre. Collections Saint, Donadieu et Dreux.

GÉRICAULT.

31. Études d'hommes dans différentes poses. Au verso, étude pour un projet de tableau : la Descente aux enfers. Beau dessin à la plume. Collection Dreux, encadré.

32. Etude pour une course de chevaux. — Lion dévorant un cheval. Deux dessins montés sur la même feuille, au crayon noir.

GIRODET.

33. Études. Deux dessins au crayon noir.

GOYEN (J. Van).

34. Pêcheurs retirant leurs filets d'une rivière. A la plume et à l'encre de Chine. Signé et daté.

GRAVELOT.

35. Le Génie et l'Éducation. Charmant petit dessin à la plume, lavé de bistre et rehaussé de blanc.

GREUZE (J.-B.).

36. Études de mains. Dessin à la sanguine.

GUERCHIN (G.-F. Barbieri, dit le).

37. Paysage avec figures. — Scène de funérailles. Beau dessin à la plume. Collections Vallardi et Dreux.

JORDAENS (J.).

38. Personnages faisant de la musique. Aquarelle et gouache. Collection Arago.

39. Rebecca : Étude pour son tableau, la Bénédiction de Jacob. Dessin aux trois crayons. Signé.

LE PEINTRE.

40. La Cage symbolique. Joli dessin au crayon noir. A été gravé.

LESUEUR (Eustache).

41. Le Lever de l'aurore. Étude pour un plafond. Au crayon noir, rehaussé de blanc.

LIGORIO (Pirro).

42. Scène de la vie antique. Beau dessin à la plume, lavé de bistre.

LOUTHERBOURG (Philippe-Jacques).

43. Ruines au milieu d'un grand paysage. Sur le devant, un troupeau composé de taureau, vache, moutons et âne. Très-beau dessin au crayon noir et au bistre, lavé d'encre de Chine. Collection Dreux.

MARILLIER.

44. Portrait de Marivaux, de l'Académie française, d'après Pougin de Saint-Aubin. Très-joli dessin à l'encre de Chine, pour la réédition complète des Œuvres de Marivaux.

MURILLO (Bartolomeo Esteban).

45. Moine montrant à une grande foule de peuple une hostie miraculeuse. Grand et beau dessin à la plume, lavé d'encre de Chine et de bistre, rehaussé de blanc. Collection Woodburn.

46. Martyre de trois saints. Composition de sept figures. Beau dessin à la plume et au bistre, rehaussé de blanc. Collections N. Horn et Woodburn.

OSTADE (A. VAN).

47. Un Buveur debout, tenant une canette de bière à la main. Aquarelle. Collection Dreux.

PARMESAN (F. MAZZUOLI, dit le).

48. Etude de femme représentant la Force. A la plume. Collections T. Laurence et Dreux.

PATER.

49. Le Lion amoureux. Joli dessin à la sanguine.

PONTORMO (JACOPO CARUCCI, dit le).

50. La Vierge tenant dans ses bras l'Enfant Jésus, entourée d'hommes, de femmes et d'amours. Beau dessin à la plume. Collections J. Hudson et sir J. Reynolds.

QUAST (PETER).

51. Jésus-Christ mené devant Caïphe. A la mine de plomb. Signé et daté. Collection sir J. Reynolds.

52. Bacchanale. Beau dessin sur vélin à la mine de plomb. Signé et daté.

REMBRANDT (VAN RHYN).

53. Portrait de Saskia Uylemburgh. Très-joli croquis à la plume.

54. Portrait de la mère de Rembrandt endormie. Beau dessin à la plume, lavé de bistre. Provient du cabinet Denon.

RIBERA (F.).

55. Homme à grande barbe et bonnet fourré. A la plume.

ROOS (HENRI).

56. Bergers et bétail au repos, près d'une fontaine antique. Très-beau dessin à la plume, à l'encre de Chine et au bleu d'indigo. Signé. Collections Thibeaudeau, Norblin et Dreux.

ROSSO.

57. Vision d'un roi endormi. A la plume, lavé de bistre.

ROTTENHAMER.

58. L'Enlèvement des Sabines. Dessin de forme ronde à la plume et à l'encre de Chine; rehaussé de blanc.

RUBENS (P.-P.).

59. Etude pour son tableau de la Descente de Croix. Au crayon noir rehaussé de blanc.

60. La Vieille à la chandelle. Au crayon noir.

SAFT-LEVEN (C.).

61. Intérieur de chaumière. Au crayon noir.

SAINT-AUBIN (G. DE).

62. Esquisse, d'après nature, de l'ancien Marché-aux-Fleurs, quai de la Mégisserie, près le Pont-Neuf et la Samaritaine, au moment où deux marchandes se querellent à coups de poings, en présence de trois raccoleurs qui se moquent d'elles. Très-beau dessin à la sanguine, rehaussé de blanc; signé et daté 1776.

63. Portrait de Marie-Antoinette. Très-joli croquis au crayon noir un peu lavé d'encre de Chine.

64. Portrait de Louis XVI. Croquis au bistre.

65. Cénotaphe de Vanloo. Très-joli croquis au crayon noir.

TERBURG (G.).

66. Jeune Femme à sa toilette; derrière elle, une servante debout. Beau dessin au bistre. Collections Ploos Van Amstel, baron Van Gole, Dijonval et Woodburn.

TIEPOLO.

67. Le Christ présenté au peuple et couronné d'épines. Gouache. Collection Arago.

68. Une Famille de Centaures. A la plume, lavé d'encre de Chine.

69. Le Centaure Nessus enlevant Déjanire. A la plume, lavé d'encre de Chine. Ces deux dessins font pendant. Collection Dreux.

THUILLIER (Pierre).

70. Vue de la Cava, 5 juillet 1839. A la plume, lavé de bistre. Signé et daté.

UDINE (Giovanni d').

71. Etude d'ornements. Beau dessin à la plume, lavé de bistre.

UDINE (Nanni Jean d').

72. Le Christ au jardin des Oliviers. Beau dessin à la plume et au bistre, légèrement lavé d'aquarelle. Collection Galeozi.

VASARI (Alesandro).

73. Académie d'un Gladiateur. Dessin au crayon rouge. Collection Andreossy.

WYNANTS (J.).

74. Etude d'un chardon. Joli dessin au crayon noir, rehaussé de blanc, sur papier bleu.

ZUCCHARO.

75. Une jeune Femme couchée, la tête appuyée contre le dossier d'un lit de repos. Signé : S. Zucchero *fecit*, avec cette légende : la Femme de P. Jordan, duc de Bracciano, en écriture du temps. Collection du roi Charles Ier. Très-joli dessin aux trois crayons.

DÉSIGNATION

DES

ESTAMPES

ALBERT (Cherubini).

76. Henri IV, roi de France, en buste, vu presque de face. Dans un cartouche d'ornements entouré de figures (B. 124). Très-belle épreuve.

ALDEGRAVER (Henri).

77. Dessin grotesque, 1549 (B. 272). Superbe épreuve. Collection Dreux.

78. Dessin grotesque présentant un mascaron entouré de deux enfants et de quatre sphinx, 1550 (B. 281). Superbe épreuve. Collection Dreux.

ALLAN (D.).

79. Paysan et Paysanne. Petite pièce gravée à l'eau-forte.

ALTDORFER (A.).

80. La Vierge assise dans un paysage (B. 17). Très-belle épreuve.

81. Vénus (B. 33). Très-belle épreuve.

ANGELI (Jean-Baptiste, surnommé Torbide del Moro).

82. La Sibylle Tiburtine et l'empereur Auguste (B. 3). Très-belle épreuve.

83. Le Tombeau d'un évêque (B. 13). Très-belle épreuve.

ANONYME (XVIe siècle).

84. Portrait de Philibert Delorme, célèbre architecte, gravé sur bois. Très-belle épreuve.

85. Portraits de André Vesale et de André Thevet. Trois pièces dont deux gravées sur bois.

86. Ronsard et sa maîtresse, en regard l'un de l'autre; pièce gravée sur bois. Autre portrait de Ronsard, dans la manière de Léonard Gautier. Deux pièces.

87. Portrait de Jean d'Autriche, fils de Charles-Quint. In-4 dans un ovale, avec encadrement ornementé. Très-belle épreuve. Rare.

88. Hercule tuant l'hydre de Lerne. — Hercule étouffant le lion de Némée. Deux pièces.

ANONYME (XVIIe siècle).

89. Portrait de Pierre Moreau. Très-belle épreuve.

90. Portrait de Charles Patin, célèbre médecin.

91. L'Enfant Jésus adoré par saint François. Pièce gravée à l'eau-forte.

92. Devises et emblèmes pour tapisseries. Trente et une pièces. Très-belles épreuves.

ANONYME (XVIIIe siècle).

93. Les Convulsionnaires du cimetière Saint-Médard conduits à la Bastille. — Malversations punies par la Chambre de justice de Paris, 1716. Deux pièces.

94. Orage causé par l'impôt sur le thé en Amérique. Grande estampe en largeur.

ANONYMES (D'après VAN DYCK).

95. Bosschaert (Thomas Willeborts), d'après Van Dyck (W. 1). Superbe épreuve avec marge. Collection de Lasalle.

96. Opstal (Antoine Van), d'après Van Dyck. Très-belle épreuve du premier état, avant la retouche et avant *Jacobus de Man. Exc.*

ARDELL (J.-M.).

97. Portrait des frères Bukingham, d'après Van Dyck. Superbe épreuve avant toutes lettres.

98. Portrait du duc de Nivernais, gravé en manière noire. Très-belle épreuve avant la lettre.

99. Portrait de la mère de Rembrandt, d'après le maître. Belle épreuve.

ARMANO.

100. La Cosa Rara, d'après Van Gorp. Pièce en couleur. Très-belle épreuve.

AUDRAN (B.).

101. Molière (J.-B. Poquelin de), d'après Mignard. Très-belle épreuve.

AUDRAN (G.).

102. L'Enlèvement de Déjanire, d'après J. Romain (R.-D. 173). Très-belle épreuve.

103. Jordanus Hilling. In-4. Très-belle épreuve.

BAILLU (P. DE).

104. Honoré d'Urfé, d'après Van Dyck. Epreuve avec l'adresse de Jean Meyssens.

BALDINI (B.).

105. L'Enfer (R. 59). Bonne épreuve.

BARBIERE (DOMINIQUE DEL).

106. Assemblée d'hommes et de femmes assis séparément, chacun près d'une table particulière (R. 6). Très-belle épreuve.

BARRAS (SEB.), graveur en manière noire.

107. Sainte Agathe (R.-D. 11). — Saint Sébastien (R.-D. 22). Deux pièces. Très-belles épreuves.

BARTOLOZZI (F.).

108. Miss Bingham, d'après Joshua Reynolds. Très-belle épreuve en couleur.

109. Jeune mère instruisant son enfant, d'après Cosway. Très-belle épreuve.

BAUDOIN (D'après).

110. Sa taille est ravissante : Jeune femme à sa toilette, par Lebeau. Très-belle épreuve avant la lettre.

111. Les Soins tardifs, par Delaunay. Très-rare épreuve avant la lettre et avant le changement de la bordure du bas. Toutes marges.

112. La Toilette, par Ponce. Superbe épreuve avant la lettre.

113. Les Cerises, par Ponce. Superbe épreuve avant la lettre, avec marge.

114. Le Modèle honnête, gravé par Moreau le jeune. Superbe épreuve avant la lettre et les armes; avec marge.

BEATRIZET (Nicolas).

115. Jesus-Christ ressuscitant la fille de Jaïre (B. 15). Très-belle épreuve.

BEGA (C.).

116. Le Paysan à sa fenêtre (B. 19). — Le Paysan allumant sa pipe (B. 20). — Deux pièces. Très-belles épreuves.

117. Le Paysan allumant sa pipe (B. 20). — La Jeune Cabaretière caressée (B. 34). — Deux pièces. Très-belles épreuves.

118. Les Deux Amoureux (B. 25). — La Mère (B. 28). — Deux pièces. Très-belles épreuves.

119. Le Chanteur (B. 27). Très-belle épreuve.

BEHAM (Barthélemy).

120. Judith (B. 4). Superbe épreuve.

BEHAM (H.-S.).

121. Quatre Têtes de mort (B. 28). Bonne épreuve.

122. Adam et Eve, 1543. — Le serpent a une tête de mort (B. 6). — Superbe épreuve avant divers travaux. Collection Dreux.

123. L'Enfant prodigue dissipe son bien (B. 32). Superbe épreuve. Collection Dreux.

124. Une Femme implorant la justice de Trajan (B. 82). Superbe épreuve du premier état, avant l'année à la suite du monogramme. Rare.

125. La Fortune contraire (B. 141). Superbe épreuve du premier état. Collection Dreux.

126. L'Impossible, 1549 (B. 145). Très-belle épreuve.

127. Le Paysan à la fourche et son compagnon (B. 188, 189). Très-belles épreuves.

128. Le Porte-Enseigne et le Tambour (B. 199). Très-belle épreuve.

129. Le Petit Bouffon, 1542 (B. 230). Superbe épreuve.

BELLA (STEPHANUS DELLA).

130. Vue et perspective du Pont-Neuf de Paris (J. 112). Superbe épreuve avant la girouette placée sur le clocher de Saint-Germain-l'Auxerrois.

BELLANGE (JACQUES).

131. Combat de deux gueux (R.-D. 46). Epreuve du deuxième état.

BERGHEM (NICOLAS).

132. Le Berger jouant du flageolet (B. 8). Très-belle épreuve, avant l'adresse de F. de Witt et le n° 1.

133. La Femme qui trait (B. 13).

BISCAINO (B.).

134. Moïse sauvé du Nil (B. 2). Très-belle épreuve.

BLOEMAERT (CORNEILLE).

135. La Sainte Famille, d'après Annibal Carrache. Très-belle épreuve avant l'adresse de Jo. Jacobus du *Rubeis formis ad templum S. M. de pace*, à la suite du mot *licentia*. Superbe épreuve avec marge; elle est signée de P. Mariette, 1693, et provient du cabinet Borduge.

BLOIS (A. DE).

136. Ortance Mancini, duchesse de Mazarin, d'après P. Lely. Petit portrait gravé en manière noire. Très-belle épreuve.

BLOTELINGH (ABRAHAM).

137. Huyghens (Constantin), d'après G. Netscher. Superbe épreuve tirée avant la lettre; elle porte, au verso, la signature de J.-G. Wille, 1762. Cabinets Debois et Vanden Zande.

138. François Mieris, d'après lui-même, gravé à la manière noire. Superbe épreuve.

BOEL (P.).

139. La Chasse au sanglier (B. 7). — Autruches, Pals, etc. (W. 12). Deux pièces.

BOILLY (D'après).

140. La Leçon d'union conjugale, par Petit. Très-belle épreuve avant toutes lettres.

BOIS ALLEMAND (XVe SIÈCLE).

141. L'Adoration des rois. Très-belle épreuve.

BOISSARD (J.-J.).

142. Louise et Nicole de Vienne, en regard l'une de l'autre, sur la même feuille. Très-belle épreuve.

BOISSART (R.).

143. La Prière du soir. Très-jolie pièce avec marge.

BOISSIEU (J.-J. DE).

144. L'Ecrivain public près de son échoppe (Rigal 18). Très-belle épreuve.

145. Les Grands Tonneliers (Rigal 9). Très-belle épreuve.

146. Le Moulin de Ruysdaël (Rigal 136). Très-belle épreuve.

147. Le Charlatan, d'après Karel Dujardin (Rigal 140). Superbe épreuve avant les travaux à la pointe et à la roulette, et avant l'astérisque après l'année 1772.

BOL (FERDINAND).

148. Portrait d'homme (B. 12), cl. 13. Très-belle épreuve d'un premier état non décrit avant les deux angles du bas terminés.

149. La Femme à la Poire (B. 14), cl. 16. Superbe épreuve.

150. Portrait de femme dans un ovale (B. 15), cl. 17. Très-belle épreuve. Collection Dreux.

BOLDRINI (N.).

151. Caricature du Laocoon, pièce gravée sur bois, d'après Titien. Très-belle épreuve, grande marge.

BOLSWERT (SCHELTE A.).

152. Sainte Famille, ou l'Enfant Jésus caresse un agneau que lui amène saint Jean conduit par sainte Anne, d'après Rubens. Épreuve avant le titre et les vers. Collection Debois.

153. Exaltation de la croix, d'après Van Dyck. Très-belle épreuve.

154. Lipse (Juste), d'après Van Dyck. (W. 5.) Belle épreuve.

155. Vrancx (Sébastien), d'après Van Dyck (7). Très-belle épreuve du deuxième état, avec l'adresse de Martin Vanden-Enden.

156. Le même portrait. Épreuve du même état que la précédente.

BOLSWERT (Schelte A.).

157. Marguerite de Lorraine, femme de Gaston d'Orléans, d'après Van Dyck (8). Très-belle épreuve, avec les initiales G. H.

158. Ruthven (Lady Mary), d'après Van Dyck. Très-belle épreuve.

159. Brauwer (Adrien), d'après Van Dyck (W. 4). Très-belle épreuve avec l'adresse de Martin Vanden Enden.

BONASONE (J.).

160. La Naissance de saint Jean-Baptiste (B. 76). Très-belle épreuve.

161. Le dieu Pan assis auprès d'une nymphe qui tient une corne d'abondance remplie de fruits (B. 170).

162. Des hommes et des femmes se baignant ensemble dans une grande cuve. (B. 177). Superbe épreuve.

163. Le pape Marcel II, revêtu des ornements pontificaux (B. 349). Très-belle épreuve du premier état.

BONNET.

164. La Dormeuse. — Le Baiser d'amour. Deux pièces en couleur. Très-belles épreuves. — Deux jeunes femmes tenant un cahier de musique, d'après Raoux. Pièce coloriée.

BOSSE (Abraham).

165. L'Histoire de l'Enfant prodigue (Duplessis. 34, 39). Suite de six pièces des plus belles du maître. Superbes épreuves. Collection Soleil.

166. Les Forces de la France (1228). Vers le milieu, on voit Louis XIII et Gaston d'Orléans à cheval. Très-belle épreuve. Collection Soleil.

167. L'Infirmerie de l'hôpital de la Charité de Paris (1266). Magnifique épreuve, avec marges. Collection Soleil.

BOSSE (Abraham).

168. L'Hôtel de Bourgogne (1268). A gauche, Turlupin met la main dans la bourse de son voisin ; à droite, Gros-Guillaume avec une femme. Pièce des plus intéressantes du maître. Épreuve superbe et rare. Collection Soleil.

169. Le Mariage à la ville (1374, 1379). Très-belle suite de six pièces. Très-rare à trouver complète. Épreuves superbes. Collection Soleil.

170. Le Sculpteur dans son atelier (1386). Très-belle épreuve.

171. Le Maître d'école (N. 1389). Épreuve superbe avec marges. Collection Soleil.

172. La Saignée (1391). Magnifique épreuve avec marges. Collection Soleil.

173. Le Cordonnier (1394). Très-belle épreuve. Collection Soleil.

174. Le Savetier à son atelier avec sa femme et trois ouvriers (1395). Très-belle épreuve. Collection Soleil.

BOUCHER (F.).

175. Les Grâces au tombeau de Watteau (P. de B. 43). Très-belle épreuve.

176. Portrait de Watteau, d'après lui-même. (P. de B. 45). Très-belle épreuve.

177. Femme vue par le dos, sur une balançoire dont elle tient les cordes avec ses mains (P. de B. 125). Très-belle épreuve.

BOUCHER (D'après).

178. Jupiter et Léda, par Ryland. Très-belle épreuve.

179. Le fleuve Scamandre, par de Larmessin. Très-belle épreuve.

180. La Courtisanne amoureuse, par de Larmessin. Superbe épreuve avec marge.

BOUCHER (D'après)

181. Berger et Bergère gardant leurs moutons. Petite pièce gravée à l'eau-forte. Superbe épreuve avant toutes lettres et avec toute sa marge.

BOULANGER.

182. Portrait de Jean Regnault de Segrais, d'après Flamen. Très-belle épreuve.

183. Portrait de Renatus de Ceriziers. Très-belle épreuve.

BOURDON (Sébastien).

184. Le Retour de Jacob (R. D. 1). Très-belle épreuve du premier état.

185. Le Songe de saint Joseph (R. D. 22). Très-belle épreuve du premier état.

186. Le Pauvre au repos. (R. D. 31). Belle épreuve.

BOUTEMIE.

187. Ouvrage rare et nouveau, contenant plusieurs dessins de merveilleuse récréation, sous divers caprices et gentillesses représentés en l'industrieuse découpure d'un chapeau. Suite de seize pièces. Très-belles épreuves.

BOYVIN (René).

188. L'Ignorance vaincue, d'après maître Roux (R. D. 1?). Très-belle épreuve.

189. La Dispute de Neptune et de Minerve, d'après maître Roux (R. D. 67). Très-belle épreuve.

190 — Jupiter et Antiope, d'après Lucas Penni (B. 71). Très-belle épreuve.

BRACQUEMONT.

191. Paysage d'après Cuyp. — Le Cottage, d'après Ostade. Épreuves du premier état. — Portrait de femme d'après Ingres. Trois pièces.

BRAUWER (A.).

192. Un Paysan comptant de l'argent. Très-belle épreuve.

BREA (De).

193. Portrait de mademoiselle Renaut l'aînée, de la Comédie italienne. Très-belle épreuve.

BREBIETTE (Pierre).

194. Buste d'Ovide dans un encadrement ornementé.

BROSAMER (Hans).

195. Le Palefrenier dans son écurie (B. 15 des gravures en bois). Belle épreuve.

BRUN (Artiste bordelais).

196. Les Inconcevables. Caricature, d'après Bosio. Très-belle épreuve.

BRY (Th. de).

197. Marche de soldats et de paysans, d'après H. S. Beham. Très-belle épreuve.

198. Marche de soldats; au milieu, le porte-enseigne. Très-belle épreuve.

199. Marche d'hommes, femmes et cavaliers suivis de la Mort. Très-belle épreuve.

200. La Fontaine de Jouvence, d'après Beham. Très-belle épreuve.

BURGMAIR (Hans).

201. Deux pièces tirées du Weiss Kunig.

CALLOT (Jacques).

202. L'Enfant prodigue (M. 53, 63). Charmante suite de onze pièces, y compris le titre. Très-belles épreuves du deuxième état avant les numéros.

203. Saint Nicolas ou saint Séverin (140). — Le miracle de saint Mansuy (141). Deux pièces.

CALLOT (Jacques).

204. Les grandes misères de la guerre (M. 564, 581). Suite de dix-huit pièces, l'une des plus belles du maître. Très-belles épreuves avant que les mots Israel *excudit* aient été effacés; avec grandes marges.

205. La Carrière ou la rue neuve de Nancy (M. 621). Superbe épreuve du premier état.

206. Parterre, ou jardin de Nancy (M. 822). Superbe épreuve du premier état.

207. La Grande foire de Florence (M. 624). Épreuve du quatrième état.

208. Les trois pantalons (M. 627-629). Épreuves du premier état.

209. Balli ou Cucurucu (M. 641-664). Suite de vingt-quatre pièces, titre compris. Superbes épreuves du premier état, avant les numéros.

210. Les Supplices (M. 665). Superbe épreuve, où la tour au-dessous du mot *supplicium*, et la petite statue de la Vierge placée à l'angle de la rue du fond, à droite, sont apparents.

211. La même pièce. Épreuve avec l'adresse de Vincent.

212. La Noblesse (M. 673-684). Suite de douze pièces. Superbes épreuves du premier état, où les lointains se distinguent parfaitement. Elles ont de la marge.

213. La Petite vue de Paris (M. 712). Superbe épreuve du deuxième état.

214. Les Bossus ou Gobbi (M. 747, 767). Très-belles épreuves avant les numéros. Toutes marges.

215. Les Fantaisies (M. 868-881). Suite de quatorze pièces y compris le titre. Très-belles épreuves du premier état avant les numéros. La pièce n° 881 manque.

216. Diverses vues de Florence (M. 1187-1189-1196). Trois pièces. Épreuves du premier état.

CARAGLIO (J.).

217. Hercule tuant Cerbère (B. 44). — Hercule tuant l'hydre de Lerne (46). Deux pièces.

CARMONTELLE (L.-C. de).

218. Portrait du baron de Besenval (P. de B., 2). Très-belle épreuve. Toutes marges.

CANALETTI (Ant.).

219. Prato della valle. Superbe épreuve avant le numéro.

CANTARINI (Simon), dit le **PESSARÈSE**.

220. Repos en Égypte (B. 8). Belle épreuve,

CARRACHE (An.).

221. Le Corps mort de Jésus-Christ (B. 102).

222. La Vierge avec l'Enfant Jésus et saint Jean. Pièce non décrite. Très-belle épreuve.

223. Suzanne surprise au bain par les deux vieillards (B. 1). Belle épreuve.

224. Le Couronnement d'épines (B. 3). Très-belle épreuve.

CARRACHE (D'après An.).

225. Un Saint distribuant des aumônes. Grande pièce gravée à l'eau-forte.

CARRÉE (Am.).

226. Portrait de J.-F. Chereau, d'après B.-L. Prevost. Très-belle épreuve.

CARS (L.).

× 227. Le Temps enlevant une nymphe, d'après Lemoine. Très-belle épreuve avant toutes lettres.

228. Hercule et Omphale, d'après Le Moine. Très-belle épreuve avant toutes lettres.

CASTIGLIONE (B.).

229. La Vierge à genoux près de la crèche (H. 7). Très-belle épreuve.

CHALON (Christine).

230. Une Famille de paysans. Pièce gravée à l'eau-forte. Épreuve d'essai.

231. Études de têtes d'hommes. — Un Homme regardant dans une bourse. Trois pièces gravées à l'eau-forte.

CHAPERON (N.).

232. Les Suivants de Silène (R. D. 55). Très-belle épreuve du premier état.

CHARDIN (D'après).

233. La Maîtresse d'école, par Lépicié. Très-belle épreuve.

234. L'Économe, gravé par Le Bas. Superbe épreuve avant toutes lettres.

235. La Blanchisseuse, gravé par C. N. Cochin. Épreuve à l'eau-forte.

CHARLET (N.-T.).

236. Essais de gravure à l'eau-forte et autres. Quatre pièces.

CHODOWIECKI.

237. Paysans russes. Belle épreuve.

CLAESSENS (L.-A.).

238. La Bénédiction de Jacob, d'après Rembrandt. — Un Architecte de la marine et sa femme, gravé par de Frey, d'après Rembrandt. Deux pièces avant la lettre, toutes marges.

CLAIRS OBSCURS.

239. La Sibylle, d'après le Parmesan, par Ant. de Trente. — L'Alliance de la Paix et de l'Abondance, par Coriolan. — La Sibylle, d'après le Guide. Trois pièces.

COCHIN (Madeleine).

240. La Charmante Catin, d'après C. N. Cochin. Très-belle épreuve, toutes marges.

COCLERS (L.-B.).

241. Éducation maternelle. In-fol. en hauteur. Belle épreuve.

CONSTANTIN (J.-Ant.).

242. Vue du canal d'Istre, du côté du midi. Très-belle épreuve avec marges.

COQUERET.

243. Les Ennuyés chez eux (Intérieur du café Procope), d'après C. Vernet. Très-belle épreuve avant la lettre.

CORT (Corneille).

244. Martyre de saint Laurent, d'après Titien. Epreuve avec la signature de P. Mariette, 1668. — Le Christ descendu de la croix. Deux pièces.

COYPEL (A.).

245. Pan vaincu par les Amours (R. D. 10). Belle épreuve.

246. Portrait de Démocrite (R. D. 12). Très-belle épreuve.

CUYP (Albert).

247. Bœufs et vaches dans des prairies. Suite de six estampes à l'eau-forte. Très-belles épreuves.

DALEN (C. Van).

248. Portrait de l'Arétin, d'après Titien. Très-belle épreuve avant la lettre.

DASSONVILLE (J.).

249. La Paysanne caressée. Pièce non décrite.

DAULLÉ (J.).

250. Portrait de mademoiselle Pelissier, d'après Drouais. Très-belle épreuve avec marges.

DAVEN (L.).

251. Alexandre domptant Bucéphale, d'après le Primatice (B. 12). Très-belle épreuve.

252. Jupiter changé en pluie d'or, visitant Danaé, d'après le Primatice (B. 40). Très-belle épreuve.

DEBUCOURT (P.-L.).

253. Lise poursuivie. — Le Songe réalisé. Deux pièces faisant pendant. Belles épreuves. Rares.

254. Le Compliment, ou la Matinée du jour de l'an. — Les Bouquets, ou la Fête de la grand'maman. Deux pièces gravées en couleur. Très-belles épreuves.

255. Les Joueurs de boules, d'après Vernet. Superbe épreuve en couleur.

256. Promenade au bois de Vincenne. Superbe épreuve en couleur.

257. Anglais en habit habillé, d'après Debucourt. Très-belle épreuve en couleur.

258. Gravures pour illustrer le volume d'Hero et Léandre. Huit pièces en couleur.

DECAMPS (A.-G.).

259. Les Anes sous le toit. Épreuve avant le numéro.

DELACROIX (E.).

260. Tigre couché dans le désert. Très-belle épreuve avant l'adresse de Picot.

DE LA MARE-RICHART.

261. Vieille femme vue de face, penchée à droite, dans l'attitude de l'attention (H. D. 8). Très-belle épreuve.

DELAUNAY.

262. Portrait de Sébastien Leclerc fils, d'après Nonotte. Superbe épreuve avant toutes lettres, avec marge.

DEMARCENAY DE GHUY.

263. Son portrait. Rare épreuve avant beaucoup de travaux.

264. Portrait de Henri, comte de Berghe, d'après Van-Dyck. Superbe épreuve avant toutes lettres.

265. Portrait de Henri IV. Superbe épreuve avant toutes lettres.

DEMARCENAE DE GHUY.

266. Portrait de Sully, d'après Porbus. Superbe épreuve avant toutes lettres.

267. Charles Ier, roi d'Angleterre, d'après Van Dyck. Rare épreuve avant beaucoup de travaux.

268. Portrait du Tintoret, d'après lui-même. Très-belle épreuve avant la lettre.

269. La Fleuriste, d'après Gérard Dow. Très-belle épreuve, avant toutes lettres.

270. Tobie recouvrant la vue, d'après Rembrandt. Très-belle épreuve, avant la lettre.

271. Petit Paysage, d'après Vernet. Épreuve avant la lettre.

DE MARE.

272. Femme donnant de la bouillie à son enfant. Pièce gravée dans le genre de C. Vissche. Superbe épreuve avant toutes lettres, avec marge.

DEMARTEAU.

273. Portrait de madame Favart dans le rôle de Ninette, d'apres Boucher, gravé au crayon rouge.

DENON (Vivant).

274. Portrait de femme, d'après Cosway. Epreuve avant la lettre.

275. Portraits des frères C. et L. de Waël, d'après Van Dyck. Epreuve avant la lettre.

DESCOURTIS

276. Foire de village. Deux pièces in-8, d'après Taunay. Très-belles épreuves, avec marges.

DIETRICY (Chr.-G.-E.).

277. Les Musiciens ambulants. Très-belle épreuve avant le numéro 69, placé sur le tonneau à droite. Collection Debois.

DIETRICY (CHR.-G.-E.).

278. Le Charlatan entouré de gens de la campagne. Composition de vingt-cinq figures, dans le goût d'Ostade. Très-belle épreuve.

DIVERS.

279. Le Serpent d'airain. — Descente de croix, d'après Rubens. — Monuments d'architecture. Deux pièces. — Le Feu de joie. — Mort de Lucrèce, par Moreelse. — Caricature sur la noblesse et le clergé. — L'Épiphane du nouveau Antechrist, 1619, par Romyn de Hoodge.

280. Titre avec quantité de personnages, par Gillot. — La Mâne, par Le Clerc. — Bataille d'Alexandre, par Audran. — Plafond, par Thomassin, d'après Mignard. — Titre et devises, pour les tapisseries des Quatre Éléments. — Eau-forte, d'après Carême et autres. Sept pièces.

281. Deux fonds de coupe, par de Brayne. — Cinq ornements en forme de frise. — Buste d'un vieillard, d'après Ostade. — Eau-forte, par Marvy, d'après Rembrandt. — Deux vues de Hollande, par Isaïe Van de Velde. — Paysage par Bolognèse. Douze pièces.

282. La Vierge, gravure sur bois. — Figure grotesque, par Rembrandt (cl. 219). — Vieillard lisant, par Renesse. — Buste d'un guerrier, par de Julienne. — Portrait, par Leoni. — Saint Jean l'Évangéliste, par Lucas de Leyde, etc. Sept pièces.

DREVET (P.-J.).

283. Le Blanc (Claude), ministre et secrétaire d'État de la guerre, d'après le Prieur. Très-belle épreuve.

284. Louis, duc d'Orléans, d'après Coypel. Très-belle épreuve.

285. Lecouvreur (Adrienne), dans le rôle de Cornélie, d'après Coypel. Très-belle épreuve.

DUCQ (J. LE).

286. La Chienne allaitant son petit. Pièce inconnue à Bartsch (W. 11). Superbe épreuve.

DUJARDIN (KAREL).

287. Les Mulets (B. 2). Bonne épreuve.

288. Les Deux Chevaux (B. 4). Superbe épreuve avant le numéro.

289. L'Homme qui se chausse (B. 11). Deux épreuves, dont une superbe avant le numéro.

290. Le Chariot devant l'auberge (B. 50). Deux épreuves dont une avant le numéro.

DUNOUY (A.-H.).

291. Paysage en largeur. Très-belle épreuve avec des taches d'eau-forte dans les marges.

DURER (ALBERT).

292. Le Christ en croix (B. 13). Belle épreuve.

293. La Vierge couronnée par deux anges (B. 39). Très-belle épreuve.

294. La Sorcière (B. 67). Très-belle épreuve.

295. Le Ravissement d'une jeune femme (B. 72). Belle épreuve.

296. Le Groupe des quatre femmes nues (B. 75). Belle épreuve sur papier à la tête de bœuf.

297. L'Assemblée des gens de guerre (B. 88). Très-belle épreuve.

298. Le Paysan du marché (B. 89). Très-belle épreuve.

299. Le Seigneur et la Dame (B, 94). Très-belle épreuve sur papier à la tête de bœuf.

300. Le Grand Cheval (B. 97). Belle épreuve sur papier à la tête de bœuf.

301. Sujet tirés de la Vie de la Vierge. Deux pièces gravées sur bois.

DYCK (Ant. Van).

302. Son portrait en buste, sur piédestal, et terminé par Neefs. Très-belle épreuve.

303. Snellinx (Jean), terminé au burin, par P. de Jode (21). Très-belle épreuve, avec l'adresse de Martin Vanden Enden.

DYCK (D'après Van).

304. L'Adoration des Bergers, etc. Deux pièces gravées à l'eau-forte.

EARLOM (Richard).

305. Le Songe d'une nuit d'été, d'après West. Superbe épreuve avant la lettre.

ÉCOLE FRANÇAISE DU XVIIIe SIÈCLE.

306. La Réflexion tardive. Très-belle épreuve avant la lettre.

ÉDELINCK (Gérard).

307. La Sainte Famille, d'après Raphaël (R. D. 4). Superbe épreuve avant les armes de l'abbé Colbert, qui ont été placées postérieurement au bas du milieu du sujet, et qui ont été effacées dans les dernières épreuves.

308. Champaigne (Philippe de), peintre du roi et recteur de l'Académie royale de peinture (R. D. 164). Superbe épreuve du premier état.

309. Descartes (René), célèbre philosophe (R. D. 181). Épreuve du premier état.

310. Huet (Pierre-Daniel), évêque de Soissons, puis d'Avranches. (B. 224). Épreuve du deuxième état.

311. Pascal (Blaise), géomètre, physicien et littérateur célèbre (290). Belle épreuve.

312. Silvestre (Israël), dessinateur du cabinet du roi et graveur à l'eau-forte, d'après C. Le Brun (319). Très-belle épreuve.

ÉDELINCK (Gérard).

313. Teissier (Eustache), général de l'ordre des Mathurins. d'après Bouys (B. 325). Très-belle épreuve.

FAUCHERY.

314. La Joconde, d'après L. de Vinci. Très-belle épreuve avant la lettre, sur chine.

FESSARD.

315. Portrait de Etienne François de Choiseul, duc de Choiseul-Amboise, d'après J. M. Vanloo. Très-belle épreuve.

FEUCHÈRE.

316. Sainte Famille. Pièce gravée à l'eau-forte.

FICQUET (Étienne).

317. Lafontaine (Jean de), de l'Académie française, d'après Rigaud. Très-belle épreuve, au ruisseau blanc.

318. Portrait de Vander Meulen, peintre. Superbe épreuve avant toutes lettres.

FLAMENG (L.).

319. La Source, d'après Ingres. Épreuve sur chine.

320. The blue Boy, par Ginsborough. — Portrait de Miss Graham. — Portrait de madame Devançay, d'après Ingres. Trois pièces.

FLIPART (J.-J.).

321. Portrait de madame Favart, d'après Cochin. Deux épreuves très-belles.

FORSTER (F.).

322. La Vierge à la Légende, d'après Raphaël. Très-belle épreuve avant la lettre sur chine, portant le numéro 1.

FRAGONARD (Honoré).

323. L'Armoire. Superbe épreuve avant la lettre.

324. Les deux femmes à cheval (P. de B. 5). Très-belle épreuve.

FRAGONARD (Honoré).

325. Pièce emblématique, dite la Conception de la Sainte Vierge (16). Belle épreuve.

326. Guerrier devant un tribunal, d'après Tiepolo (P. de B. 24). Belle épreuve avant le n°.

FREY (J. de).

327. Portraits d'hommes d'après Rembrandt. Trois pièces. Très-belles épreuves.

328. Grand Rabbin juif, d'après Rembrandt. Épreuve avant toutes lettres.

329. Un Brigand dans la campagne. Épreuve avant toutes lettres.

330. Jacob béni par Isaac, d'après Koningh. Superbe épreuve avant toutes lettres.

331. Jésus-Christ guérissant la mère de saint Pierre, d'après Metzu. Superbe épreuve avant toutes lettres.

332. Portrait d'homme, d'après Rembrandt. Épreuve avant toutes lettres.

GAMELIN.

333. Guérison du paralytique (P. de B. 2). Très-belle épreuve.

GAUCHER (Ét.).

334. Louis-Auguste, dauphin de France, d'après Gautier. Très-belle épreuve.

335. Portrait du prince Henri de Prusse, d'après le buste de Houdon. Très-belle épreuve.

GELÉE (Claude), dit le **LORRAIN.**

336. Les quatre Chèvres (R. D. 27). Belle épreuve.

337. Étude d'une scène de brigands (R. D. 39). Très-belle épreuve.

338. Les deux Paysages (R. D. 40). Très-belle épreuve. Rare.

GHEYN (J. de).

339. Le Laocoon, d'après l'antique. Très-belle épreuve.

GHISI (G.).

340. La Sainte Vierge saluant sainte Élisabeth à qui elle vient rendre visite, d'après François Salviati (B. 1). Superbe épreuve.

341. Jésus-Christ célébrant la Cène avec ses apôtres, d'après Lambert Lombart (B. 6). Très-belle épreuve.

342. Vénus assise sur un lit près de Vulcain, d'après Perino del Vaga (B. 35). Très-belle épreuve.

343. Les plafonds en hauteur, peints par le Primatice dans des formes cintrées par le haut et par le bas et carrées aux deux côtés. Suite de quatre estampes (B. 36, 39). Superbes épreuves.

344. Hercule debout, se reposant sur sa massue (B. 41). Superbe épreuve.

345. Le Jugement de Pâris, d'après Bertano (B. 60). Très-belle épreuve.

346. Les Nymphes et les autres divinités champêtres pleurent avec Céphale la mort de Procris qu'il vient de tuer par mégarde, d'après J. Romain (B. 61).

347. Portrait de Michel-Ange (B. 71). Très-belle épreuve.

GHISI (J.-B.).

348. Le fleuve Pô (B. 19). Bonne épreuve.

349. Les Troyens repoussant les Grecs jusque dans leurs vaisseaux, où ils les combattent (B. 20). Très-belle épreuve.

GHISI (Adam).

350. Combat d'un lion et d'un cheval (B. 107). Belle épreuve.

GHISI (Diana).

351. Aspasie discourant à table avec Socrate et un philosophe (B. 32). Superbe épreuve.

GLOCKENTON (Albert).

352. Le Crucifiement (B. 10). Belle épreuve.

GOLE (J.).

353. Boileau Despréaux (Nicolas), d'après Rigaud. Très-belle épreuve d'un portrait gravé en manière noire.

354. Portrait de Jean Marot, d'après N. de Plate-Montagne. Superbe épreuve.

GOLTZIUS (H.).

355. La Vierge pleurant sur le corps mort de Jésus-Christ, qui est étendu sur ses genoux, d'après Durer (B. 41). Superbe épreuve.

356. L'Adoration des Mages (B. 19). Superbe épreuve.

357. Henri IV coiffé d'un chapeau (B. 174). Joli portrait dans un ovale. Superbe épreuve avec marge.

358. Portrait de Nicolas de Daventer, mathématicien (B. 204. Superbe épreuve, signée de P. Mariette. Collections Revil, de Lasalle et Galichon.

359. Portrait de Noël de la Faille, célèbre commandant au siége d'Anvers, 1588 (B. 212). Superbe épreuve du premier état, avant la lettre. Rare, Collection Dreux.

360. Un Enfant assis sur une tête de mort, d'après Goltzius, par un graveur anonyme (B. 10). Très-belle épreuve.

GONCOURT (J. DE).

361. La Lecture, d'après Fragonard. Épreuve avant la lettre.

GOUDT (HENRI DE), comte palatin.

362. Cérès cherchant sa fille, d'après Elsheimer. Très-belle épreuve.

363. La Décollation de saint Jean. Petite pièce de forme ronde. Belle épreuve.

GREUZE (D'après).

364. La Tricoteuse, gravée par Cl. Donat. Très-rare épreuve avant toutes lettres; elle n'est pas entièrement terminée.

GREUZE (D'après).

365. La Malédiction paternelle. — La Dame bienfaisante. Deux pièces gravées par Massard et Gaillard. Superbes épreuves, richement encadrées dans des cadres Louis XVI.

HAEFTEN (N. Van).

366. Repas des trois commères (W. 22). — Trois buveurs, dont un caressant une femme. Pièce non décrite. Deux pièces. Très-belles épreuves.

HOLLAR (W.).

367. Proclamation, à Anvers, de la paix entre l'Espagne et la Hollande. Très-belle épreuve du deuxième état, avec l'adresse de Wyngaerde.

368. Marie Stuart, comtesse de Portland, d'après Van Dyck. Belle épreuve.

HONDIUS.

369. Franck (François), d'après Van Dyck, par Hondius W. 11). Superbe et rare épreuve du deuxième état avec une seule ligne de titre, l'adresse de Martin Vanden Enden et le nom de P. de Jode au-dessous du nom de Van Dyck.

HOPFER (Daniel).

370. Le Centenier perçant d'une lance le corps mort de Jésus-Christ, attaché sur la croix entre les deux larrons (B. 14). Belle épreuve du premier état.

HOUSTON (R.).

371. Portrait d'homme tenant un couteau, d'après Rembrandt. Superbe épreuve avant la lettre.

372. Vieille femme plumant un coq, d'après Rembrandt. Superbe épreuve avant toutes lettres.

HUET (J.-B.).

373. Études de têtes d'animaux. Huit pièces gravées à l'eau-forte.

INGRES (J.-D.-A.).

374. Quatre seigneurs de la cour de Bourgone causent, assis dans des chaises à haut dossier. Cul-de-lampe pour l'introduction au voyage en Franche-Comté du baron Taylor.

INGRES (D'après).

375. Romulus remportant les premières dépouilles opimes. Jésus au milieu des docteurs. Deux pièces gravées par Rosotte.

376. Andromède attachée à un rocher. — Œdipe interrogeant le sphinx. Deux pièces lithographiées par Sudre. Épreuves avant la lettre, sur chine.

JANINET (F.).

377. Le Sommeil de Vénus, d'après Charlier. Très-jolie pièce gravée en couleur. Très-belle épreuve.

JEGHERS (Chris.).

378. Suzanne surprise par les vieillards, d'après Rubens. Grande estampe gravée sur bois. Très-belle épreuve du premier état, avec l'adresse de Rubens.

JODE (P. de).

379. Note (André Colyns de), d'après Van Dyck (W. 8). Superbe épreuve du premier état, avant le nom du graveur; elle porte au verso la signature de P. Mariette, 1671.

LAFAGE (R. de).

380. Bacchanale (R. D. 7). — Jupiter se présentant à Semélé (14). — Les petits Pêcheurs effrayés (16), etc. Quatre pièces, dont une non décrite. Très-belles épreuves.

LA HIRE (Laurent de).

381. Saint Paul (R. D. 15). Épreuve d'un premier état non décrit, avant toutes lettres.

LAIRESSE (Gérard de).

382. Mercure portant la tête d'Argus. Très-belle épreuve, avant l'adresse de N. Visscher et avant le numéro.

LASNE (Michel).

383. Portrait de Pierre de Marcassus, d'après Du Moustier. Très-belle épreuve.

LAUGIER.

384. Portrait de madame de Staël. Très-belle épreuve avant la lettre.

LAUTENSACK (H.-S.).

385. Paysage (B. 24). Très-belle épreuve.

LAVEREINCE (D'après).

386. Qu'en dit l'abbé? gravé par Delaunay. Superbe et très-rare épreuve avant toutes lettres.

LECLERC (1763).

387. Faunes et Nymphes. Très-jolie pièce, gravée à l'eau-forte. Superbe épreuve avec marge.

LECLERC (S.).

388. Entrée d'Alexandre dans Babylone. Très-belle épreuve, avec la tête d'Alexandre vue de profil.

LE CŒUR.

389. Quelle douceur dans le zéphir! — Ah mon Dieu! qu'il fait froid! Deux pièces gravées en couleur, d'après Wheatby. Très-belles épreuves avec marge.

390. Blifil. — Betty. Deux pièces de forme ovale, gravées en couleur. Très-belles épreuves avec marge.

LEFÈVRE (A.).

391. Portrait de S. A. R. la duchesse d'Orléans tenant son fils sur ses genoux, d'après Winterhalter. Épreuve avant la lettre, sur chine.

LEFÈVRE (A.).

392. Portrait du général Lafayette. Épreuve avant toutes lettres, sur chine.

LE JUGE (G.).

393. La Dernière communion de saint Jérôme, d'après Aug. Carrache (R. D. 16). Épreuve du premier état.

LEPICIÉ.

394. Le Printemps, d'après Rosalba Carriera. Très-belle épreuve.

395. L'Amour, maître d'école, d'après Coypel. Très-belle épreuve.

LEPICIÉ (Renée-Élisabeth-Marlié).

396. La Jeunesse sous les habillements de la Décrépitude, d'après Coypel. Très-belle épreuve.

LE PRINCE (X.).

397. La Récréation champêtre. Très-belle épreuve.

LEU (Thomas de).

398. Portrait du poëte Claude Hopil (R. D. 42). Très-belle épreuve.

LEUW (W.).

399. Loth et ses filles, d'après Rubens. Très-belle épreuve.

LEYDE (Lucas de).

400. Les Gueux (B. 143). Belle épreuve.

401. Un écusson rempli par un mascaron, 1527 (B. 167). Superbe épreuve. Collection Dreux.

LIGNON (F.).

402. Portrait de Talma, d'après Gérard. Épreuve avant toutes lettres, sur chine.

LIGNON ET LEVILAIN.

403. Portrait du pape Léon X, d'après Raphaël. — Portraits des deux sœurs Arnald, de Port-Royal, d'après Champaigne. Deux pièces. Épreuves avant la lettre.

LISEBETIUS (P. VAN).

404. Marquis de Hamilton, d'après Van Dyck. Très-belle épreuve.

LIVENS (J.).

405. Portrait de Jacques Gouter (B. 59). Belle épreuve.

LOIR (NICOLAS).

406. Saintes Familles (R. D. 1 et 6). Deux pièces. Épreuves du premier état.

LOMBART (P.).

407. Mesnilgarnier (Mre Thomas Morant Chevalier, marquis de), d'après Vaillant. Très-belle épreuve.

LONGHI (G.).

408. Le Philosophe méditant. — Portrait d'homme. Deux pièces d'après Rembrandt. Très-belles épreuves avant la lettre.

LOUYS (J.).

409. Portrait de Philippe le Bon, d'après Soutman. Épreuve avant le numéro.

LUTMA (JEAN).

410. Portrait de Jean Lutma, orfèvre. Très-belle épreuve.

Maître anonyme allemand, XVe siècle.

411. Le Christ debout dans son tombeau. Estampe de forme ronde.

Maître anonyme allemand.

412. Un Soldat allemand assis sur une souche (B. 16). Copie. Belle épreuve.

Maître J.-B.

413. Triomphe de Bacchus, 1528 (B. 19). Très-belle épreuve.

Maître P.-V.-H.

414. Différents chiens (B. 9 et 10). Deux pièces.

Maître au nom de Jésus.

415. Saint Nicolas de Bari jetant trois pommes d'or par la fenêtre d'une chambre où dort un père et ses trois filles (Pass. 21). Très-belle épreuve.

Maître au De.

416. Jeu d'Amours, d'après Raphaël (B. 30). Très-belle épreuve.

417. Apollon et Marsias, d'après Raphaël (B. 31). Superbe épreuve avant l'adresse.

418. La même estampe. Épreuve avec l'adresse de C. Duchetti.

419. Les Noces de Psyché, d'après Raphaël (B. 38). Très-belle épreuve.

420. Énée sauvant Anchise, d'après Raphaël (B. 72). Très-belle épreuve.

421. Combat naval (B. 78), d'après J. Romain. Très-belle épreuve.

MARIN (L.).

422. L'Amour enlevant la chemise de Vénus. Très-jolie pièce imprimée en rouge sur fond d'or. Très-belle épreuve.

423. Provoking fidelety. — The Pretty Noesgay Garde, etc. Trois pièces gravées en couleur, d'après Greuze et autres. Très-belles épreuves.

MARTINI.

424. Sylvie délivrée par Aminte, d'après Cochin. Très-belle épreuve.

MASSOLOFF.

425. Portrait de femme, d'après Rembrandt. Épreuve avant la lettre.

MASSON (Ant.).

426. Cureau de la Chambre (Marin), d'après Mignard (R. D. 24). Superbe épreuve du premier état, avant les contre-tailles sur la joue gauche du personnage.

427. Harcourt (Henri de Lorraine, comte d'), grand écuyer de France, dit le Cadet à la perle (R. D. 34). Superbe épreuve du premier état, avant le chiffre 4 dans le haut de la marge à gauche.

MATHAM (J.).

428. Vénus ordonnant à l'Amour de percer de ses flèches le cœur de Pluton, d'après H. Goltzius (B. 160). Superbe épreuve.

429. Les Mages adorant Jésus-Christ et lui offrant des présents, d'après Zucchero (B. 232). — Moïse, d'après Michel-Ange. Deux pièces.

MAUPERCHÉ.

430. L'Ange luttant contre Jacob (R. D. 1). — Tobie offrant le poisson à l'ange (8). — La Fuite en Égypte (21). — Repos dans la fuite en Égypte (22). — Saint Jean prêchant dans le désert (24). — Le Supplice de Marsyas (27). — Monument d'ordre ionique. Sept pièces. Très-belles épreuves.

MAZZUOLI (François), surnommé le **PARMESAN.**

431. La Sainte Vierge (B. 4). — Saint Jacques le Majeur (B. 8), etc. Trois pièces. Très-belles épreuves.

MEISSONNIER.

432. Le Rapport. Très-belle épreuve sur chine.

MELLAN (Claude).

433. Saint Augustin dans le jardin d'Alippe (52). — Un Rocher au milieu de la mer (259). — Un Ange debout sur des nuages (318). Trois pièces du premier état.

MELLAN (Claude)

434. Mesmes (Henri de) (214). Très-belle épreuve avant l'inscription sur la bordure.

435. Nesmond (François-Théodore de), président au parlement de Paris (219). Belle épreuve.

436. Peyrese (Fabri de) (223). Très-belle épreuve.

437. Séguier (Pierre), chancellier de France (231). Très-belle épreuve de premier état.

MERYON (Ch.).

438. Vue du collége Henri IV. Très-belle épreuve avec la légende.

439. Vue du Grand Châtelet, à Paris. Superbe épreuve avant la lettre.

440. Le Ministère de la marine. Épreuve avant la lettre.

441. Le Stryge. Belle épreuve sur chine non collé.

442. La Tour de l'Horloge au palais de justice. Épreuve avant la lettre, sur chine.

443. La Rue des Toiles, à Bourges. Très-belle épreuve du premier état, où l'on aperçoit vers la gauche un chien fouillant des immondices.

MICHELIN.

444. Moine en prières, d'après E. Maison. — Chien d'arrêt anglais. Deux pièces. Très-belles épreuves signées de l'auteur.

445. Vue prise à Croissy. — Le Soir. Deux pièces signées de l'auteur; une est sur parchemin.

446. La Mare. — Paysage. Deux pièces. Épreuves du premier état avec la signature de l'auteur.

447. Paysage pour illustrer le Musée universel d'Édouard Lièvre. Très-rare épreuve avant les oiseaux et le ciel. Signée de l'auteur.

MIELE (Jean).

448. La Vieille (B. 2). Très-belle épreuve.

MOLYN (P. DE).

449. Villageoise près d'un vieillard. Belle épreuve.

Monogramme C. S.

450. Portrait de Barthélemy Rosini, pasteur à Ratisbonne, 1583 (B. 2). Bonne épreuve.

MONTCORNET (B.).

451. Portrait de mademoiselle de Lafayette. Superbe épreuve. Rare.

MONTCORNET (*Excudit*).

452. Louis XIII et Anne d'Autriche. Deux petits portraits en buste dans un entourage d'ornements. Très-belles épreuves. Rares.

MOOR (CHARLES DE).

453. Jean van Goyen, peintre hollandais. Très-belle épreuve.

MOREAU (J.-M.).

454. Tombeau de J. J. Rousseau, à Ermenonville. Très-belle épreuve.

MOREL.

455. Portrait du pape Pie VII, d'après David. Épreuve avant toutes lettres.

MORGHEN (R.).

456. Portrait du marquis de Moncade, d'après Van Dyck. Très-belle épreuve avant les contretailles sur la cuirasse.

MORIN (J.).

457. Anne d'Autriche, reine régente de France (R. D. 41). Superbe épreuve avec marge.

458. Berthier (Pierre), évêque de Montauban (R. D. 44). Superbe épreuve avec marge.

459. Camus (Jean-Pierre), évêque de Belley (R. D. 49). Superbe épreuve. Collection Camberlyn.

MORIN (J.).

460. Chrystin (N.), fils du plénipotentiaire du roi d'Espagne à la paix de Vervins (R. D. 51). Superbe épreuve avec marge.

461. Talon (Omer), avocat général au parlement de Paris (R. D. 74). Très-belle épreuve.

462. Thou (Augustin de), premier du nom (R. D. 77). Superbe épreuve.

463. Thou (Christophe de) (R. D. 78). Très-belle épreuve.

464. Vitré (Antoine), célèbre imprimeur, d'après Champaigne (R. D. 88). Superbe épreuve.

465. Le Porte-balle assis (89). Épreuve du premier état.

NAIWINCK.

466. Paysage (B. 2). Très-belle épreuve.

NANTEUIL (R.).

467. Castelnau (Jacques, marquis de), maréchal de France (R. D. 58). Très-belle épreuve.

468. Chapelain (Jean), membre de l'Académie française (R. D. 60). Très-belle épreuve du premier état.

469. Colbert (Jean-Baptiste), contrôleur général des finances (R. D. 72). Superbe épreuve du premier état.

470. Louis Hesselin, conseiller d'État, maître de la chambre aux deniers (110). Très-belle épreuve.

471. Lamoignon (Guillaume de), premier président du parlement de Paris (R. D. 120). Très-belle épreuve.

472. Le Masle (Michel), prieur des Roches, chantre et chanoine de l'Église de Paris (R. D. 126). Épreuve du premier état.

473. Loret (Jean), poëte (R. D. 150). Belle épreuve.

474. Marolles (Michel de), abbé de Villeloing, homme de lettres et grand curieux d'estampes (R. D. 171). Très-belle épreuve du premier état.

NANTEUIL (R.).

475. Mazarin (Jules), cardinal, ministre d'État, d'après Mignard (R. D. 187). Superbe épreuve du premier état.

476. Molé (Mathieu), garde des sceaux (R. D. 194). Très-belle épreuve.

477. Nemours (Henri de Savoie, duc de) (R. D. 199). Belle épreuve du premier état.

478. Steenberghen (Jean-Baptiste Van), conseiller du Roi au Conseil de Flandre (R. D. 226). Superbe épreuve du premier état.

NANTEUIL (Célestin).

479. Vignettes pour romances. Quatre pièces.

NEEFS (J.).

480. Le Martyre de saint Thomas, d'après Rubens. Très-belle épreuve.

NIELLE (Allemand, du xve siècle).

481. Martyre de saint Jean l'Évangéliste (Pass. 558). Très-belle épreuve.

NOORDT (A. Van).

482. Le Troupeau au repos, d'après P. de Laer. Très-belle épreuve.

NORBLIN.

483. Son œuvre en cent treize pièces, collées sur vingt feuilles de papier. Très-belles épreuves.

OSTADE (A. Van).

484. L'École (B. 17). Superbe épreuve du premier état, à l'eau-forte pure.

485. Le Coup de couteau (B. 18). Très-belle épreuve.

486. Le Fumeur et le Buveur (B. 24). Très-rare épreuve, à l'eau-forte pure.

OSTADE (A. Van).

487. Le Marchand de lunettes (B. 29). Très-belle épreuve du troisième état.

488. Le Rémouleur (B. 36). Première épreuve avec le trait carré légèrement imprimé et avant le travail à la pointe sèche, produisant l'effet de la manière noire, notamment sur un des rais de la roue. Collection Dreux.

489. Le Trictrac (B. 39). Très-belle épreuve.

490. Le Charlatan (B. 43). Deux épreuves, dont une avant nombre de travaux faits en diverses fois, soit à la pointe sèche, soit au burin.

491. La Fête sous la treille (B. 47). Très-belle épreuve à l'eau-forte pure.

PANNEELS (G.).

492. La Madeleine embrassant les pieds du Christ, d'après Rubens.

PARROCEL (J.).

493. Jésus et la Samaritaine (R. D. 54). Très-rare épreuve, avant le nom du maître et le numéro.

PARROCEL (P.).

494. Le Charité. Très-jolie pièce gravée à l'eau-forte. Non décrite. Superbe épreuve.

495. La même pièce. Belle épreuve avec marge.

PASQUALINI (G.).

496. La Vierge, l'Enfant Jésus, saint Jean-Baptiste et saint Joseph, d'après F. Centensis. Très-belle épreuve.

PASSE (Madeleine).

497. La Mise au tombeau, d'après Albert Durer. Deux épreuves, dont une superbe avant les adresses de Wolff et Probst.

PATAS.

498. La Curieuse. — L'Honnête fripon. Deux pièces d'après Chauveau. Très-belles épreuves.

499. Les mêmes estampes. Très-belles épreuves, dont une avant la lettre.

500. La Paysanne séduite, d'après L. Moreau. Très-belle épreuve avant la lettre.

PENCZ (G.).

501. Isaac accompagnant son père sur la montagne (D. 4). — Dalila coupant les cheveux à Samson (D. 28). Deux pièces.

502. Thomiris, reine des Scythes, plongeant la tête de Cyrus dans une outre pleine de sang (D. 70). Très-belle épreuve.

503. Médée remettant entre les mains de Jason ses dieux pénates pour gage de sa foi (D. 71). Très-belle épreuve.

PÉRAC (ÉTIENNE DU).

504. Narcisse (R. D. 63). Très-belle épreuve du premier état.

PERSYN (R.).

505. Portrait de l'Arioste, d'après Titien. Très-belle épreuve.

PESNE (J.).

506. Portrait de Nicolas Poussin, d'après lui-même (R. D. 6). Superbe épreuve du premier état, avant l'adresse d'Audran.

507. Sainte Famille, d'après N. Poussin (R. D. 9.). Superbe épreuve du premier état.

508. Portrait de François Langlois, dit de Chartres, d'après Van Dyck (R. D. 97). Épreuve du premier état.

PETHER (W.).

509. Portrait de Monsieur, comte de Provence, d'après madame Lebrun, gravé en manière noire. Très-belle épreuve.

PICART (B.).

510. Titre pour les *Métamorphoses* d'Ovide. Très-belle épreuve.

PICART (Ét.).

511. Saint Paul à Éphèse, d'après Le Sueur. Belle épreuve.

POILLY (N.).

512. Michel Letellier, ministre d'Etat. Très-belle épreuve.

PONTIUS (Paul).

513. Saint Roch intercédant pour les pestiférés, d'après Rubens. Superbe épreuve.

514. Le Roi boit, d'après Jordaens. Très-belle épreuve.

515. Gustave Adolphe, roi de Suède, d'après Van Dyck. Très-belle épreuve.

516. Gaspard Gevartius jurisconsulte d'Anvers, d'après Rubens. Très-belle épreuve.

517. Portrait d'Otho Venius. Très-belle épreuve.

POTTER (Paul).

518. Le Taureau (B. 1). Très-belle épreuve, avec l'adresse de Clément de Jonghe. Collection de Lasalle.

519. La même estampe. Epreuve moderne.

520. Le Vacher. 1649 (B. 14). Très-belle épreuve avec l'adresse de Clément de Jonghe.

PROCACCINO (C.).

521. Repos en Égypte (B. 1). — Autre Repos en Égypte (B. 3). Deux pièces.

QUAST (Peter).

522. Gueux, Mendiants, Charlatans, etc. Suite de dix pièces.

523. Gueux et Mendiants. Suite de six pièces.

RABEL (Jean).

524. Armand de Gontaut de Biron, maréchal de France. Charmant petit portrait. Superbe épreuve. Rare.

RAJON.

525. Portrait de Saint-Just. Épreuve du premier état, avant toutes lettres.

526. Enfants grecs à la mosquée. Épreuve du premier état, avant toutes lettres.

527. Le Liseur, d'après Meissonnier. Épreuve à l'eau-forte pure, avant la planche coupée.

528. Rembrandt gravant d'après Gérôme. Epreuve du quatrième état, avant la lettre, avant divers travaux.

529. La Rixe, d'après Vauthier. Épreuve sur chine, où la chaîne qui soutient la lampe n'est pas encore gravée.

RAIMONDI (Marc-Antoine).

530. David coupant la tête à Goliath (B. 10). — Chasse aux lions (B. 422). Deux pièces.

531. Le Massacre des Innocents, par Marc de Ravenne, d'après B. Bandinelli (B. 21). Très-belle épreuve de la copie A.

532. Marche de Silène, par A. Vénitien (B. 240). Très-belle épreuve, portant la signature de P. Mariette.

533. Trajan entre la ville de Rome et la Victoire, d'après un des bas-reliefs de l'arc de Constantin (B. 361). Belle épreuve.

534. Les Trois Animaux dans un ovale, d'après l'antique, par Marc de Ravenne. (B. 405). Très-belle épreuve.

535. La Pièce d'animaux (B. 414), gravé par A. Vénitien. Très-belle épreuve.

536. Le Guerrier, par A. Vénitien, d'après Raphaël (B. 461).

REMBRANDT (Paul Van Rhyn).

537. La Circoncision (B. 47), cl. 51. C. B. 20. Épreuve du premier état.

538. Jésus-Christ chassant les vendeurs du temple (B. 69). Cl. 73. c. B. 44. Épreuve du premier état.

REMBRANDT (Paul Van-Rhyn).

539. La grande Descente de croix (B. 81). Cl. 83. C. B. 56. Très-belle épreuve avec l'adresse de Hendricus Ulenburgensis.

540. Le Martyre de saint Étienne (B. 97). Cl. 100. C. B. 68. Très-belle épreuve.

541. Saint Jérome (B. 104). Cl. 107. C. B. 75. Belle épreuve. Rare.

542. Chasse aux lions (B. 115). Cl. 117. C. B. 87. Très-belle épreuve.

543. Autre Chasse aux lions (B. 116). Cl. 118. C. B. 88. Très-belle épreuve avec marge.

544. Les Musiciens ambulants (B. 119). Cl. 121. C. B. 90. Très-belle épreuve; elle porte au verso la signature de P. Mariette, 1676.

545. Homme à barbe courte et bonnet fourré (B. 263). Cl. 260. C. B. 267. Très-belle épreuve.

546. Portrait de Jean Antoine Vander Linden (B. 264). Cl. 261. C. B. 181. Très-belle épreuve du deuxième état.

RENI (Guido).

547. Sainte Famille (B. 9). Superbe épreuve. Collection Dreux.

RIBERA (Joseph).

548. Le Corps mort de Jésus-Christ (B. 1). Très-belle épreuve.

549. Saint Pierre (B. 7). Superbe épreuve du premier état, avant les lettres F.-V. Wyn et avant les angles du cuivre arrondis. Collection Dreux.

550. Le Poëte (B. 10). Superbe épreuve.

551. Silène (B. 13). Très-belle épreuve du premier état, avant la dédicace à Giuseppe Balsamo.

RIVALZ (A.).

552. Suite de quatre vignettes ornant le *Traité sur la peinture*, de Pierre du Puy du Grez, avocat, imprimé à Toulouse, en 1699. (R. D. 1 à 4). Très-belles épreuves.

553. Allégorie à la mémoire du Poussin (R. D. 5).

ROBETTA.

554. L'Adoration des Rois (B. 6).

ROGER.

555. La Grotte, d'après Prud'hon. Superbe épreuve du premier état, avant toutes lettres, seulement les noms d'auteurs à la pointe.

ROOS (J.-H.).

556. L'Ane et les Moutons (B. 28). Épreuve avant le numéro.

ROSASPINA (J.).

557. Portrait de Canova, d'après Appiani. Épreuve avec les lettres grises.

ROTA (MARTIN).

558. Une Renommée, debout sur un lion, tend une couronne au-dessus de deux médaillons où sont représentés Alexandre et Côme de Médicis. Très-belle épreuve.

RUBENS (P.-P.).

559. Saint François recevant les stigmates. Buste d'homme. Deux pièces.

RUBENS (D'après).

560. Saint Georges. Pièce gravée à l'eau-forte.

RUGGIERI (G.).

561. L'Assemblée des dieux. Composition pour un plafond, d'après le Primatice. Très-belle épreuve.

RUYSDAEL (S.).

562. La Chaumière au sommet de la montagne (B. 3). Très-belle épreuve.

SADELER (R.).

563. Adam et Eve chassés du Paradis terrestre. — Dieu apparaissant à Isaac. — Le Déluge, etc. Suite de six estampes, dont nous n'avons que cinq.

564. Sainte Famille, d'après Martin de Vos. — La Vierge et L'Enfant Jésus, par Wierix. — Neptune embrassant une Nymphe. Trois pièces.

SADELER (E.).

565. Charles de Longueval, comte de Buquoy. Superbe épreuve.

566. Rudolphe II, empereur d'Autriche, Mathieu, Wackenfelds, etc. Trois portraits. Très-belles épreuves.

SAENREDAM (J.).

567. Les Filles d'Israël, chantant les louanges de David, d'après Lucas de Leyde. Belle épreuve.

568. Des Amants et leurs Maîtresses implorant l'assistance de Vénus, d'après H. Goltzius. Superbe épreuve.

569. Pallas, Vénus et Junon. Suite de trois estampes de forme ovale, d'après Goltzius (B. 62, 64). Superbes épreuves.

SAINT-AUBIN (Aug.).

570. Louise-Emilie, baronne de***. Très-belle épreuve.

571. Monseigneur le duc de Chartres et sa famille, d'après le Peintre. Très-belle épreuve avant la lettre.

572. Portrait de Moreau le jeune, d'après Cochin. Très-belle épreuve avec toutes marges.

573. Portrait de Gluck. Très-belle épreuve avec toutes marges.

574. Molé, de la Comédie Française, d'après Aubry. Très-belle épreuve avec marges.

SAINT-AUBIN (G. de).

575. Vignette pour la tragédie de Tancrède (P. de B. 36). Très-belle épreuve.

SAINT-AUBIN (G. DE).

576. Spectacle des Tuileries (P. d. B. 13). Très-rare épreuve, avant la lettre et avant beaucoup de travaux.

SAINT-NON.

577. Le Concert, d'après Gravelot. Jolie pièce, première épreuve avant les tailles horizontales sur la glace, dont l'emplacement est blanc, avant les contre-tailles sur le rideau à gauche. Épreuve superbe et rare.

SANDRART (J.).

578. Jean-Casimir, roi de Pologne. Belle épreuve.

SART (CORNEILLE DU).

579. Le Buveur gai (B. 5). Très-belle épreuve. Rare.

580. Le Couple ivre (B. 7). Très-belle épreuve.

581. La même estampe. Belle épreuve.

582. Le Violon assis (B. 15). Très-belle épreuve avec marge.

583. La Femme du parti Orange (B. 34).

SAVART (PIERRE).

584. Portrait de Bayle. Superbe épreuve avant la lettre.

585. Fénelon, d'après Vivien. Superbe épreuve avant toute adresse.

586. Portrait de Godefroi-Guillaume Leibnitz. Très-belle épreuve.

587. Louis XIV, d'après Rigaud. Superbe épreuve avec l'adresse : Barrière Fontarabie.

SAVOYEN (CH. VAN).

588. Son portrait, gravé à l'eau-forte. Très-belle épreuve.

SCHENCK (P.).

589. Portrait de Nelly Gwyn. Très-belle épreuve.

SCHMIDT (J.-F.).

590. Portrait de madame Schmidt, en causeuse. Très-belle épreuve.

SCHMIDT (J.-F.).

591. Le Prince d'Orange, Guillaume second, à qui Cats explique un trait de l'histoire de ses ancêtres. Très-belle épreuve.

592. Portrait d'un jeune seigneur, d'après Rembrandt. Superbe épreuve.

593. Un Vieillard habillé en Persan, d'après Rembrandt. Superbe épreuve.

594. Les deux Fumeurs, d'après Ostade. Superbe épreuve.

SCHONGAUER (Martin).

595. La Descente aux limbes (B. 19). Très-belle épreuve.

596. Trois Figures sur une même planche (B. app. 15). Très-belle épreuve.

SCHUPPEN (P. Van).

597. François-Michel Letellier, marquis de Louvois, d'après C. Lefèvre. Magnifique épreuve avant la lettre. Très-rare en cet état.

598. Mazarin (Jules), cardinal, ministre d'État, d'après Mignard. Superbe épreuve.

599. Messire G. N. de la Reynie, conseiller du roi, d'après Mignard. Très-belle épreuve avant l'inscription dans le haut de la gravure.

600. Saint Vincent de Paul, d'après Turonen. Épreuve avant la lettre.

SIMON (Peter).

601. Trois jeunes femmes dans un parc, d'après Peters. Très-belle épreuve avant la lettre.

SOLIS (V.).

602. Les Arts libéraux, suite de sept pièces. Très-belles épreuves.

SOLIS (Attribué à V.).

603. Différents Triomphes. Trois pièces.

SOMPEL (P. VAN).

604. Loth et ses filles, d'après Rubens. Très-belle épreuve.

SOUTMAN.

605. La Cène, d'après Rubens. Très-belle épreuve.

606. Silène ivre, soutenu par un satyre et une négresse, d'après Rubens. Très-belle épreuve.

SPIERRE (F.).

607. La Vierge tenant sur ses genoux l'Enfant Jésus qui cesse de téter pour prendre des fruits que lui présente saint Jean. Superbe et rare épreuve avant la lettre et avant les draperies sur l'Enfant Jésus et sur le sein de la Vierge. Collection Debois.

STOCADE (NICOLAS DE HELT).

608. Louis Ier par la grâce de Dieu, duc de Gueldre, Julliers et Clèves, comte d'Egmont et de Zutphen, prince de Gaure. Portrait à mi-corps, gravé à l'eau-forte. Superbe épreuve.

STOOP (DIRK. TH.).

609. Différents chevaux (B. 1, 4, 6). Trois pièces. Très-belles épreuves avant les numéros.

SURUGUE (L.).

610. Madame de ... en habit de bal, d'après Coypel. Très-belle épreuve.

611. Persée délivrée par Andromède, d'après Coypel. Très-belle épreuve.

SUYDERHOEF (J.).

612. Les Bourgmestres d'Amsterdam recevant un envoyé de Marie de Médicis, d'après T. Keyser. Belle épreuve.

613. Le Coup de couteau, d'après Terburg. Très-belle épreuve du premier état, avant les vers et l'adresse de Clément de Jonghe.

SUYDERHOEF (J.).

614. Les Trois commères, d'après Ostade. Épreuve d troisième état.

615. Albert, archiduc d'Autriche, d'après Rubens. Très-belle épreuve du premier état, avant le numéro.

616. Portrait de Charles V, d'après Titien. Superbe épreuve avant le numéro.

617. Portrait de Charles le Téméraire, d'après Soutman. Superbe épreuve du premier état, avant le numéro et avec les angles aigus.

TARAVAL (J.-G.).

618. Dibutade (P. de B., t. II, p. 317). Très-belle épreuve avec marge. Très-rare.

TENIERS (David).

619. Fête flamande; composition de trente-quatre figures. Épreuve du premier état.

TESTA (P.).

620. Vénus apportant un bouclier et d'autres armes à Énée (B. 24). Épreuve avant le nom et avant divers travaux.

THEVENIN.

621. La Prise de la Bastille, grande pièce gravée à l'eau-forte. Très-belle épreuve.

622. La Même pièce. Contre-épreuve.

TIEPOLO (J.-B. et D.).

623. Scène de sortilége, etc. Deux pièces.

TORTEBAT (F.).

624. Curius Dentatus, d'après S. Vouet (R. D. 11). Très-belle épreuve.

TOSCHI (P.).

625. La Descente de croix, d'après Daniel de Volterre. Épreuve avec le titre en lettres tracées.

TROUVAIN.

626. Portrait de madame Le Petit. Superbe épreuve avant la lettre ; elle a de la marge.

ULIET (J. VAN).

627. Buste d'officier, d'après Rembrandt (B. 26). Très-belle épreuve.

UYTENBROUCK (MOÏSE VAN).

628. Un Buveur. Belle épreuve.

VALLET (PIERRE).

629. Son Portrait (R. D. 152). Très-belle épreuve.

VANNI (G.-B.).

630. Les Noces de Cana, d'après Paul Véronèse. Grande pièce en deux planches.

VAN STAR (THIERY).

631. Jésus-Christ tenté par le démon, 1525 (B. 5). Très belle épreuve avec un peu de marge.

VELDE (ADRIEN VAN).

632. Le Bœuf dans l'eau (B. 6). Très-belle épreuve.

633. La Vache et les deux moutons au pied d'un arbre (B. 11). Très-belle épreuve.

634. Le Bœuf pie et les trois moutons (B. 12). Très-belle épreuve.

635. Les Deux vaches au pied d'un arbre (B. 13). Très-belle épreuve.

VELDE (JEAN VAN).

636. Portrait de Gratianus Cornelys, théologien, d'après W. C. Heda. Très-belle épreuve.

VERMEULEN (C.).

637. Portrait de Mezzetin, d'après de Troy. Superbe et rare épreuve avant toutes lettres.

VERMEULEN (C.).

638. Meyercron, d'après Rigaud. Très-belle épreuve,
639. P. Vincent Bertin, d'après Largillière. Très-belle épreuve.
640. Este (Isabelle d'), sœur de Lucrèce Borgia, d'après Holbein. Très-belle épreuve avant la lettre.
641. Eugène-Alexandre, prince de la Tour et Tassis, d'après Cock. Très-belle épreuve.

VICO (Eneas).

642. L'Académie de Baccio Bandenelli (B. 49). Superbe épreuve du premier état avant l'inscription : *Enea Erigo Parnegiano sculpsit*, et avec l'adresse de P. P. Palumbus, qui a été remplacée par celle de Gaspar Albert.

VISSCHER (C.).

643. La Bohémienne. Très-belle épreuve avec l'adresse de Clément de Jonghe..
644. L'Antiquaire, d'après le Corrège. Superbe épreuve du premier état, avant les inscriptions.
645. Les Patineurs, d'après Ostade. Belle épreuve,
646. Jean Merius, pasteur de Spanbrœck. Très-belle épreuve.
647. Hadrianus Pauw, d'après Ger. Van Honthorst. Magnifique épreuve ; elle porte au verso la signature de P. Mariette, 1670. Collection John Bernard. Ce portrait est le plus rare de l'œuvre de Visscher.
648. Portrait de P. Scriverius. Très-belle épreuve.

VISSCHER (J. de).

649. Noce de villageois, d'après Ostade. Très-belle épreuve, avant que la planche qui offre ici la composition en largeur ait été divisée par le milieu pour faire deux pendants en hauteur.
650. Le Tâtonneur, d'après Ostade. Belle épreuve.
651. Portrait de Petrus Proëiius, prêtre, d'après Van Noort. Très-belle épreuve.

VIVIER (G. DU).

652. Cuisine flamande, d'après Van Heuvel (R. D. 5). Très-belle épreuve.

VLIEGER (S. DE).

653. Les Pourceaux gras (B. 16). Très-belle épreuve.
654. La même estampe.
655. Le Chien enchaîné (B. 20). Ancienne épreuve.

VORSTERMAN (L.).

656. La Nativité, d'après Rubens. Superbe épreuve.
657. Retour d'Égypte, d'après Rubens. Très-belle épreuve.
658. Sainte Famille, où l'enfant Jésus caresse la sainte Vierge, d'après Rubens. Très-belle épreuve.
659. La même composition, gravée en contre-partie par un graveur anonyme.
660. Saint François d'Assise recevant le stigmate, d'après Rubens. Très-belle épreuve.
661. Le Martyre de saint Laurent, d'après Rubens. Très-belle épreuve.
662. La Vierge au Rosaire, d'après Michel-Ange de Caravage. Superbe épreuve.
663. Le Connétable de Bourbon, représenté à mi-corps, d'après Titien. Superbe épreuve.
664. Portrait de Claude Maugis, abbé de Saint-Ambroise, d'après Champaigne. Très-belle épreuve.
665. Maximilien, archiduc d'Autriche, d'après Rubens. Superbe épreuve sans aucune lettre.
666. Portrait de Thomas Morus, d'après Holbein. Très-belle épreuve.
667. François Silvius Baetens, de l'Académie de Douai. Superbe épreuve du premier état, avec la marge blanche : on y voit seulement le monogramme du maître, à l'angle gauche inférieur. Collection Camberlyn.
668. Paulus Bernardus, comte de Fontaine. Belle épreuve.

VORSTERMAN (L.).

669. Jacobus de Cachopin, d'après Van Dyck. Très-belle épreuve avec l'adresse de Martin Vanden Enden.

670. Portrait de Jacques Callot, d'après Van Dyck. Très-belle épreuve avec les lettres G. H.

671. Thomas Howard, comte d'Arondel, d'après Van Dyck. Très-belle épreuve.

672. Le même portrait. Superbe épreuve, rognée.

673. Lucas Van Uden, d'après Van Dyck. Superbe épreuve avec l'adresse de Martin Vanden Enden, avec marge.

674. Nicolas Rockhox assis, d'après Van Dyck. Superbe épreuve avant la lettre dans la marge et sur le buste à gauche, avant les médaillons et avant plusieurs travaux.

VOS (Martin de).

675. Estampe allégorique sur l'union des provinces flamandes, 1578. Très-belle épreuve.

WATELET (C.-H.).

676. Le Corps-de-garde des singes, d'après Teniers. Très-belle épreuve.

WATSON (C.).

677. L'Homme qui taille sa plume, d'après Rembrandt. Très-belle épreuve avant toutes lettres.

WATSON.

678. The Honorable Ms Stanhope, d'après Reynolds, etc. Deux pièces. Très-belles épreuves.

WATTEAU (D'après).

679. L'Indiscret, gravé par Aubert. Très-belle épreuve avec marge.

680. Le Passe-Temps, par B. Audran. Superbe épreuve avec marge.

681. La Cause badine, gravé par Moyreau. Grande arabesque. Superbe épreuve avec marge.

WATTEAU (D'après).

682. Les Singes de mars, grande arabesque gravée par Moyreau. Superbe épreuve avec marge.

683. La Leçon de musique, gravé par Moyreau. Superbe épreuve avec marge.

684. Voulez-vous triompher des belles ? etc., par Thomassin. Superbe épreuve avec marge.

685. Feste bacchique. — La Balanceuse. Deux très-belles arabesques, gravées par Moyreau et Le Bas. Superbes épreuves.

686. Costumes d'hommes et de femmes. Six pièces.

WIERIX (J.).

687. Portrait de Frédéric Othon. Très-belle épreuve.

WIERIX (Ant.).

688. Portrait de Henri IV à l'âge de quarante ans, coiffé du chapeau à bords relevés. Superbe épreuve avec marge ; elle porte, au verso, la signature de P. Mariette, 1690.

WILLE (J.-G.).

689. La Gazetière hollandaise, d'après Terburg. Superbe épreuve avant toutes lettres, avec les armes.

690. La Liseuse, d'après G. Dow. Très-belle épreuve.

691. La Maîtresse d'école. Très-belle épreuve, avant toutes lettres.

692. La Tante de Gérard Dow, d'après Gérard Dow. Superbe épreuve avant toutes lettres et les armes.

693. Lansquenets causant avec deux femmes, d'après Parrocel. Épreuve avant toutes lettres. — Trois têtes d'hommes, gravées par Claessens. Deux pièces.

694. Portrait de Berregard, gentilhomme danois, d'après Toqué. Superbe épreuve avant les accessoires autour du médaillon.

695. Portrait de l'abbé Prevost, d'après Cochin. Charmant portrait in-8. Très-belle épreuve.

WITDOUC.

696. Melchisedec, ayant béni du pain et du vin, le présente à Abraham, d'après Rubens. Très-belle épreuve.

697. L'Adoration des Rois, d'après Rubens. Magnifique et très-rare épreuve avant toutes lettres.

698. Sainte Famille où la Vierge assise tient l'enfant Jésus qui dort sur son sein, d'après Rubens. Très-belle épreuve.

WOOLLETT (W.).

699. Portrait de Rubens, d'après Van Dyck. Superbe épreuve avant la lettre (lettres tracées).

700. Sous ce numéro seront vendus deux porte-cartons et les portefeuilles de la collection.

701. **Bartsch.** — Le Peintre-graveur, par Adam Bartsch. Vienne, 1803-1821. 21 vol. in-8, veau plein. Très-bel exemplaire.

702. **Passavant.** — Le Peintre-graveur, par Passavant. Leipzig, 1860-1864. 6 tomes en 3 vol. in-8, demi-rel. mar. rouge. Bel exemplaire.

703. **Weigel.** — Suppléments au Peintre-graveur de Bartsch, recueillis et publiés par Rudolph Weigel. Leipzig, 1843. 1 vol. in-8, demi-rel.

Paris. — Typ. PILLET fils aîné, 5, rue des Grands-Augustins.

www.ingramcontent.com/pod-product-compliance
Ingram Content Group UK Ltd.
Pitfield, Milton Keynes, MK11 3LW, UK
UKHW031953260826
14628UKWH00005B/2028

9 782019 307806